Impressum
Verlag: BABADADA GmbH, Nedderfeld 112 , 22529 Hamburg
Geschäftsführer / Verlagsleitung: Harald Hof
Druck: Books on Demand GmbH, In de Tarpen 42, 22848 Norderstedt

Imprint
Publisher: BABADADA GmbH, Nedderfeld 112 , 22529 Hamburg, Germany
Managing Director / Publishing direction: Harald Hof
Print: Books on Demand GmbH, In de Tarpen 42, 22848 Norderstedt, Germany

1

ቤት-ትምህርቲ

Schule

ክፍሊ ክላስ
Klassenzimmer
መቀለ
dividieren
186/2
ሰሌዳ
Tafel
Schulhof
መምህር
Lehrer
ወረቐት
Papier
schreiben
መጽሓፊ
Stift
ጣውላ ምጽሓፍ
Schreibtisch
መስመር
Lineal
መጽሓፍ
Buch
ተመሃራይ
Schüler

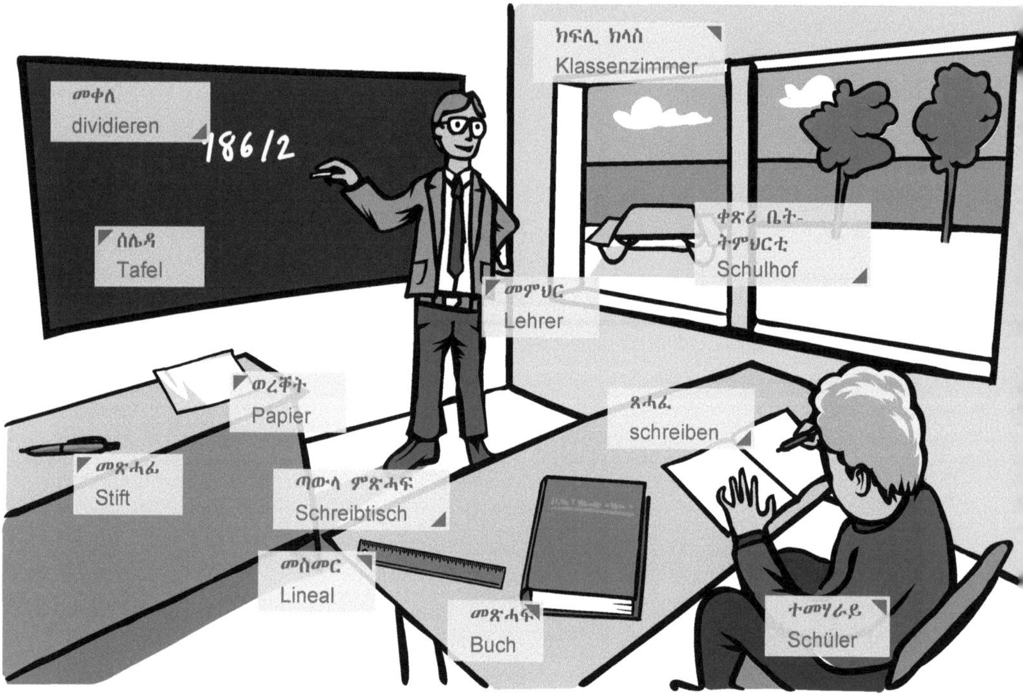

ሳንጣ ትምህርቲ

Ranzen

ሰፈር ብርዒ

Federmappe

ርሳስ

Bleistift

መብልሒ ርሳስ

Bleistiftanspitzer

መደምሰሲ

Radiergummi

ጥራዝ ስእሊ

Zeichenblock

ስእሊ

Zeichnung

ብርዒ ቀለም

Pinsel

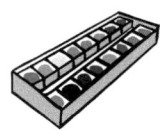

ቦክስ ቀለም

Malkasten

መቐስ

Schere

መጣበቒ

Klebstoff

ጥራዝ መላመዲ

Übungsheft

ዕዮ ገዛ

Hausaufgabe

12

ቁጽሪ

Zahl

2+2

ወሰኸ

addieren

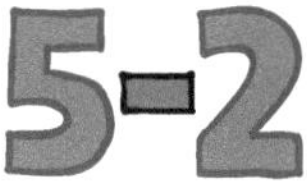

5-2

ጎደለ

subtrahieren

2×2

ረብሐ

multiplizieren

ደመረ

rechnen

A

ፊደል

Buchstabe

ABCDEFG
HIJKLMN
OPQRSTU
VWXYZ

ስርዓት ፊደላት

Alphabet

hello

ቃል

Wort

ጽሑፍ

Text

ኣንበበ

lesen

ኩርሽ

Kreide

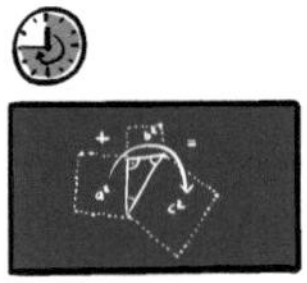

ሰዓት

Stunde

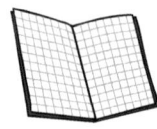

መዝገብ ክላስ

Klassenbuch

መርመራ

Prüfung

ሰርቲፊኬት

Zeugnis

ድቢዛ ቤትትምህርቲ

Schuluniform

ትምህርቲ

Ausbildung

ለክሲኮን

Lexikon

ዩኒቨርሲቲ

Universität

ሚክሮስኮፕ

Mikroskop

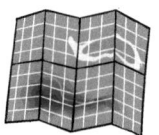

ካርታ

Karte

ጎሓፍ ወረቐት

Papierkorb

Reise

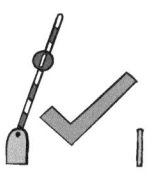

Hotel
ሆስተል
Herberge
ቦታ ቅያር ገንዘብ
Wechselstube
ባሊጃ
Koffer
መኪና
Auto

ቋንቋ
Sprache

እወ / ኖ
ja / nein

ሕራይ
Okay

ሰላም
Hallo

ኣስተርጓሚ
Übersetzer

የቐንየለይ
Danke

. . . ክንደይ ዋግኡ?

....

Was kostet...?

ኣይተረድኣኹን

....

Ich verstehe nicht

ሽግር

....

Problem

ሰላም ምሸት!

....

Guten Abend!

ከመይ ሓዲርካ

....

Guten Morgen!

ሰላም ለይቲ

....

Gute Nacht!

ደሓን ኩን

....

Auf Wiedersehen

ኣንፈት

....

Richtung

ጕዓዝ

....

Gepäck

ሳንጣ

....

Tasche

ሳንጣ ሕቖ

....

Rucksack

ጋሻ

....

Gast

ክፍሊ

....

Zimmer

ክሻ መደቀሲ

....

Schlafsack

ቴንዳ

....

Zelt

ሓበሬታ በጻሕቲ ሃገር
....
Touristeninformation

ገምገም ባሕሪ
....
Strand

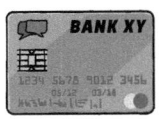

ክረዲት ካርድ
....
Kreditkarte

ቁርሲ
....
Frühstück

ምሳሕ
....
Mittagessen

ድራር
....
Abendessen

ቲከት
....
Fahrkarte

ሊፍት
....
Fahrstuhl

ማሕተም ደብዳበ
....
Briefmarke

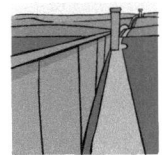

ዶብ
....
Grenze

ድጓና
....
Zoll

ኣምበሲ
....
Botschaft

ቪዛ
....
Visum

ፓስፖርት
....
Pass

መጓዓዝያ

Transport

ነፋሪት
Flugzeug
መርከብ
Schiff
መኪና መጥፋኢ ሓዊ
Feuerwehrauto
ናይ ጽዕነት መኪና
Lastwagen
Bus
ጃልባ ሞቶር
Motorboot
ብሽግለታ
Fahrrad
መኪና
Auto

ፈሪ

Fähre

ጃልባ

Boot

ሞቶ

Motorrad

መኪና ፖሊስ

Polizeiauto

መኪና ቅድድም

Rennauto

ክራይ መኪና

Mietwagen

ምውፋይ መካይን
....
Carsharing

መወሰዲ መኪና
....
Abschleppwagen

መኪና ጎሓፍ
....
Müllauto

ሞቶር
....
Motor

ነዳዲ
....
Kraftstoff

እንዳ ነዳዲ
....
Tankstelle

ምልክት ትራፊክ
....
Verkehrsschild

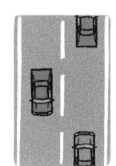

ትራፊክ
....
Verkehr

ምጭቕጫቕ ትራፊክ
....
Stau

መዐሸጊ መኪና
....
Parkplatz

መዕረፊ ባቡር
....
Bahnhof

ሓዲግ
....
Schienen

ባቡር
....
Zug

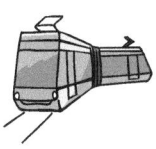

ትረም
....
Straßenbahn

ባጎኒ
....
Wagon

ሄሊኮፕተር

....

Helikopter

መዓረፎ ነፈርቲ

....

Flughafen

ታወር

....

Tower

ተጐዓዚ

....

Passagier

ኮንተይነር

....

Container

ሳንዱቕ ካርቶን

....

Karton

ኮርሳ ጽዕነት

....

Karren

ዘንቢል

....

Korb

ተበገሰ / ዓለበ

....

starten / landen

ከተማ

Stadt

ቍሸት

....

Dorf

ማእከል ከተማ

....

Stadtzentrum

ገዛ

....

Haus

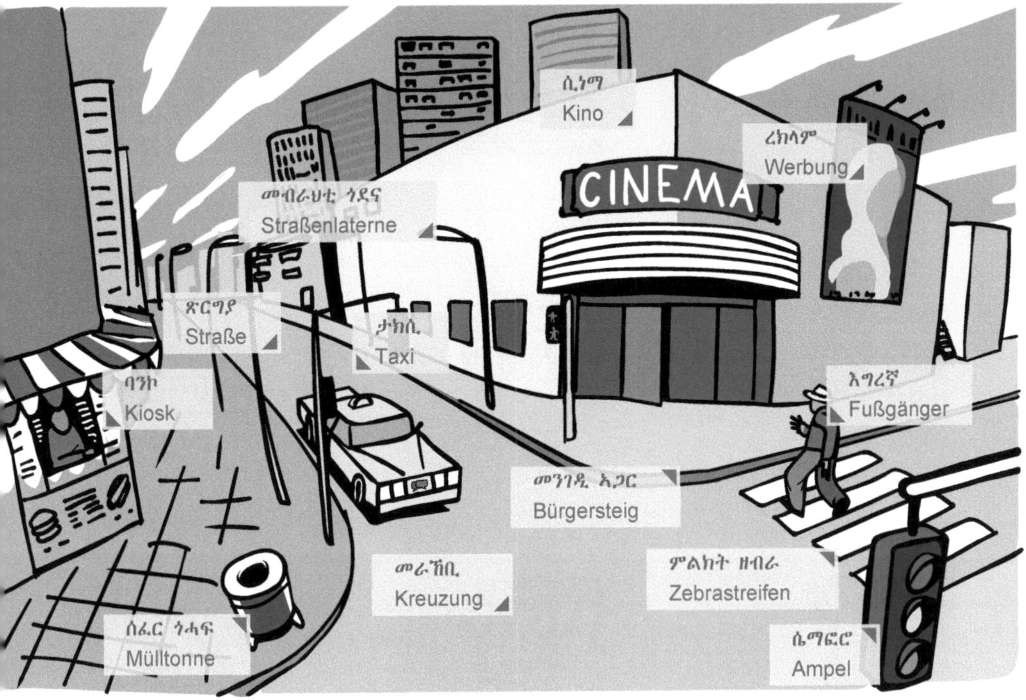

ሲነማ
Kino

ረክላም
Werbung

መብራህቲ ጎደና
Straßenlaterne

ጽርግያ
Straße

ታክሲ
Taxi

ባንኮ
Kiosk

እግረኛ
Fußgänger

መንገዲ እግር
Bürgersteig

መራኸቢ
Kreuzung

ምልክት ዘብራ
Zebrastreifen

ሰፈር ጎሓፍ
Mülltonne

ሴማፎር
Ampel

አጉዶ
Hütte

አፓርትመንት
Wohnung

መዕረፊ ባቡር
Bahnhof

ቤት ምምሕዳር
Rathaus

ቤተ መዘክር
Museum

ቤት-ትምህርቲ
Schule

ከተማ - Stadt   11

ዩኒቨርሲቲ

Universität

ባንክ

Bank

ሆስፒታል

Krankenhaus

መቐበሊ ኣጋይሽ

Hotel

ቤት መድሃኒት

Apotheke

ቤት ጽሕፈት

Büro

ዱኳን መጽሓፍቲ

Buchhandlung

ዱኳን

Geschäft

ዱኳን ዕንባባ

Blumenladen

S

ሱፐርማርክት

Supermarkt

ዕዳጋ

Markt

ሹቕ

Kaufhaus

ነጋዳይ ዓሳ

Fischhändler

ሹቕ

Einkaufszentrum

መርሳ

Hafen

12 ከተማ - Stadt

መዘናግዒ

....

Park

ባንኪ

....

Bank

ድልድል

....

Brücke

መደያይቦ

....

Treppe

ባቡር ትሕቲ ምድሪ

....

U-Bahn

ቢንቶ

....

Tunnel

መዕረፊ ኣውቶቡስ

....

Bushaltestelle

ቤት መስተ

....

Bar

ቤት-መግቢ

....

Restaurant

ሰታሪት

....

Briefkasten

ታቤላ

....

Straßenschild

ሰዓት ፓርኪንግ

....

Parkuhr

መካነ እንስሳታት

....

Zoo

መሓምበሲ

....

Badeanstalt

መስጊድ

....

Moschee

ቤት ሕርሻ

Bauernhof

ብከላ

Umweltverschmutzung

መቃብር

Friedhof

ቤተክርስትያን

Kirche

ቦታ ምጽዋት

Spielplatz

ቤት መቕደስ

Tempel

ስእሊ መሬት
Landschaft

አቝጽልቲ — Blatt

መሕበሪ መገዲ Wegweiser

መገዲ Weg

ሸኻ Wiese

እምኒ Stein

ኮብላሊ Wanderer

አግራብ Baum

ፈለግ Fluss

ሳዕሪ Gras

ዕንባባ Blume

ስንጭሮ

Tal

ጎቦ

Berg

ቀላይ

See

ዱር

Wald

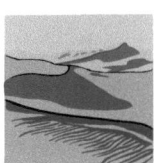

ምድረ በዳ

Wüste

እሳተ-ጎመራ

Vulkan

ግምቢ

Schloss

ቀስተ-ደመና

Regenbogen

ቃንጥሻ

Pilz

ዓርኮብኮባይ

Palme

ጣንጡ

Moskito

ሃመማ

Fliege

ጻጸ

Ameise

ንህቢ

Biene

ሳሬት

Spinne

ሕንዚዝ

Käfer

ዕንቅርዖብ

Frosch

ምጽጹላይ

Eichhörnchen

ቅንፍዝ

Igel

ማንቲለ

Hase

ጉንጓ

Eule

ጭሩ

Vogel

ስዋን

Schwan

መፍለስ

Wildschwein

ዓጋዘን

Hirsch

ሙስ

Elch

ግድብ

Staudamm

ተርባይን ንፋስ

Windrad

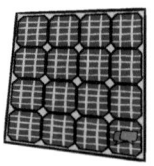

ሶላር ስርሓት

Solarmodul

ኩነታት ኣየር

Klima

ቤት-መግቢ
Restaurant

አሰላፊ
Kellner
ካርታ መግብታት
Speisekarte
መንበር
Stuhl
Suppe
ፒትሳ
Pizza
መመታተሪ
Besteck
ክዳን ጣውላ
Tischdecke

ቅድመ ቀንዲ መግቢ

Vorspeise

ቀንዲ መኣዲ

Hauptgericht

ድሕረ መግቢ

Nachspeise

መስተ

Getränke

መግቢ

Essen

ጥርሙዝ

Flasche

ስሉጥ መግቢ

Fastfood

መግቢ ጽርግያ

Streetfood

ብርጭቆ ሻሂ

Teekanne

ታኒካ ሽኮር

Zuckerdose

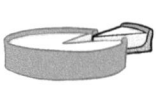

ክፋል

Portion

ማሺን ኤስፕረሶ

Espressomaschine

ነዊሕ መንበር

Hochstuhl

ጸብጻብ

Rechnung

ታብለት

Tablett

ካራ

Messer

ፋርከታ

Gabel

ማንካ

Löffel

ማንካ ሻሂ

Teelöffel

ሰርቭየተ

Serviette

ብኬሪ

Glas

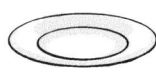

ሸሓኒ

....

Teller

ሸሓኒ መረቕ

....

Suppenteller

ትሕቲ ኩባያ

....

Untertasse

ጸብሒ

....

Sauce

ወሃቢ ጨው

....

Salzstreuer

መጥሓን በርበረ

....

Pfeffermühle

ኣቸቶ

....

Essig

ዘይቲ

....

Öl

ቀመም

....

Gewürze

ከቹፕ

....

Ketchup

ኣድሪ

....

Senf

ማዮኒዝ

....

Mayonnaise

ሱፐርማርክት

Supermarkt

ወፈያ
Angebot

ዓሚል
Kunde

ፍርያታት ጸባ
Milchprodukte

FOR

ፍረታት
Obst

ሰረገላ ዱኳን
Einkaufswagen

እንዳ ስጋ

Schlachterei

እንዳ ባኒ

Bäckerei

ክብደት

wiegen

ኣሕምልቲ

Gemüse

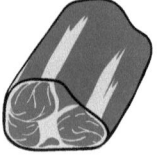

ስጋ

Fleisch

መግቢ ፍሪጅ በረድ

Tiefkühlkost

20   ሱፐርማርክት - Supermarkt

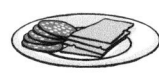

ዝሑል ቅሩብ መግቢ

Aufschnitt

እስቃጥላ

Konserven

ኣሞ

Waschmittel

ምቁር መግቢ

Süßigkeiten

ዘቤታውያን ኣቕሑ

Haushaltsartikel

ናውቲ መጸረዪ

Reinigungsmittel

ሸቃጣይ

Verkäuferin

ካሳ

Kasse

ተሓዝ ገንዘብ

Kassierer

ዝርዝር ምግዛእ

Einkaufsliste

ክፉት ሰዓታት

Öffnungszeiten

ማሕፉዳ

Brieftasche

ክረዲት ካርድ

Kreditkarte

ሳንጣ

Tasche

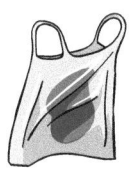

ፌስታል

Plastiktüte

መስተ

Getränke

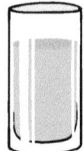

ማይ

Wasser

ጽማቕ

Saft

ጸባ

Milch

ኮላ

Cola

ነቢት

Wein

ቢራ

Bier

ኣልኮል

Alkohol

ካካው

Kakao

ሻሂ

Tee

ቡን

Kaffee

ኤስፕረሶ

Espresso

ካፑቺኖ

Cappuccino

ባናና

....

Banane

ቱፋሕ

....

Apfel

ኣራንሺ

....

Orange

ብርጭቕ

....

Melone

ለሚን

....

Zitrone

ካሮት

....

Karotte

ጻዕዳ ሽጉርቲ

....

Knoblauch

ባምቡስ

....

Bambus

ሽጉርቲ

....

Zwiebel

ቅንጥሻ

....

Pilz

ፉል

....

Nüsse

ፓስታ

....

Nudeln

ስፓገቲ

Spaghetti

ሩዝ

Reis

ሰላጣ

Salat

ቅልዋ ድንሽ

Pommes frites

ቅሉው ድንሽ

Bratkartoffeln

ፒትሳ

Pizza

ሃምቡርገር

Hamburger

ፓኒኖ

Sandwich

ቢስተካ

Schnitzel

ሰለፍ ሓሰማ

Schinken

ሳላሚ

Salami

ግዕዝም

Wurst

ደርሆ

Huhn

ቀለወ

Braten

ዓሳ

Fisch

ገዓት
....
Haferflocken

ሙስሊ
....
Müsli

ኮርንፍለይክስ
....
Cornflakes

ሓርጭ
....
Mehl

ክሮሶን
....
Croissant

ባኒ
....
Brötchen

ባኒ
....
Brot

ቶስት
....
Toast

ብሽኮቲ
....
Kekse

ጠስሚ
....
Butter

ርግኦ
....
Quark

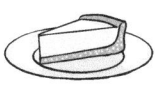

ፓስተ
....
Kuchen

እንቋቝሖ
....
Ei

ቅሉው እንቋቝሖ
....
Spiegelei

ፋርማጆ
....
Käse

ኣይስ ክሪም

Eiscreme

ሽኮር

Zucker

መዓር

Honig

ጀም

Marmelade

ኑጋት-ክረም

Nougat-Creme

ኩሪ

Curry

ቤት ሕርሻ

Bauernhof

Bauernhaus
ሓሰር ቦንዳ
Strohballen
መኽዘን
Scheune
ግራት
Feld
ፈረስ
Pferd
ተስሓቢ
Anhänger
ዒሉ
Fohlen
ትራክተር
Traktor
Esel
በጊዕ
Schaf
ዕየት
Lamm

ጤል

Ziege

ብዕራይ

Kuh

ምራኽ

Kalb

ሓሰማ

Schwein

ውላድ ሓሰማ

Ferkel

ኣርሓ

Bulle

ዓዓ

Gans

ማይ ደርሆ

Ente

ጫቑት

Küken

ደርሆ

Huhn

ኣርሓ ደርሆ

Hahn

ኣንጨዋ ዓባይ

Ratte

ድሙ

Katze

ኣንጭዋ

Maus

ብዕራይ

Ochse

ከልቢ

Hund

ኣጕዶ ከልቢ

Hundehütte

ቱባ ጀርዲን

Gartenschlauch

መዝፈፊ ማይ

Gießkanne

ዓቢ ማዕጺድ

Sense

ማሕረሻ

Pflug

ማዕጺድ
....
Sichel

ጭኽሮ
....
Hacke

መስአ
....
Mistgabel

ፋስ
....
Axt

ዓረብያ ኢድ
....
Schubkarre

ጋብላ
....
Trog

ብርጭቆ ጸባ
....
Milchkanne

ክሻ
....
Sack

ሓጹር
....
Zaun

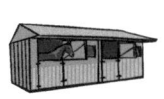

መጓሰስ
....
Stall

ቐጠልያ ገዛ
....
Treibhaus

ባይታ
....
Boden

ዘርኢ
....
Saat

ድኹዒ
....
Dünger

ዘጣምር ቀውዓይ
....
Mähdrescher

ቀውዐ

ernten

ጻማ

Ernte

ድንሽ ያም

Yamswurzel

ስርናይ

Weizen

ሶያ

Soja

ድንሽ

Kartoffel

ዕፉን

Mais

ራፕስ

Raps

ገረብ ፍረታት

Obstbaum

ማኒኦክ

Maniok

ኣእኻል

Getreide

ገዛ
Haus

መውጽእ ትኪ
Schornstein
ናሕሲ
Dach
መውሓዝ ዝናብ
Regenrinne
መስኮት
Fenster
ጋራጅ
Garage
ጭር
መበሊት
Klingel
ማዕጾ
Tür
ጓሓፍ መገለል
Mülleimer
ቦክስ ደብዳበ
Briefkasten
ጀርዲን
Garten

ክፍሊ ምቕማጥ

Wohnzimmer

ክፍሊ ባንዮ

Badezimmer

ክሽነ

Küche

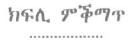

ክፍሊ መደቀሲ

Schlafzimmer

ክፍሊ ቆልዑ

Kinderzimmer

መመገቢ ክፍሊ

Esszimmer

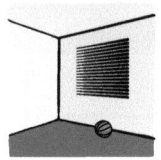

ባይታ

Boden

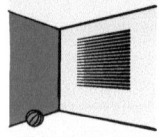

መንደቕ

Wand

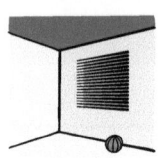

ከቦርታ

Decke

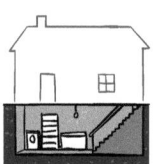

ካንቲና

Keller

ሳውና

Sauna

ባልኮን

Balkon

ዛላ

Terrasse

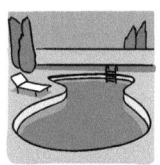

መሕምበሲ

Schwimmbad

መቑረጺ ሳዕሪ

Rasenmäher

ኣንሶላ ዓራት

Bettbezug

ከቦርታ ዓራት

Bettdecke

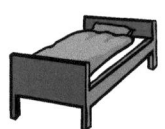

ዓራት

Bett

መኾስተር

Besen

መገለል

Eimer

መወልዒት

Schalter

ክፍሊ ምቕማጥ
Wohnzimmer

ወረቐት መንደቕ
Tapete
ስእሊ
Bild
ላምፓ
Lampe
Regal
Schrank
ተለቪዥን
Fernseher
መውጽኢ ትኪ ኣብ ገዛ
Kamin
ዕንባባ
Blume
Kissen
ሳሎን
Sofa
ባዞ
Vase
ሪሞት
Fernbedienung

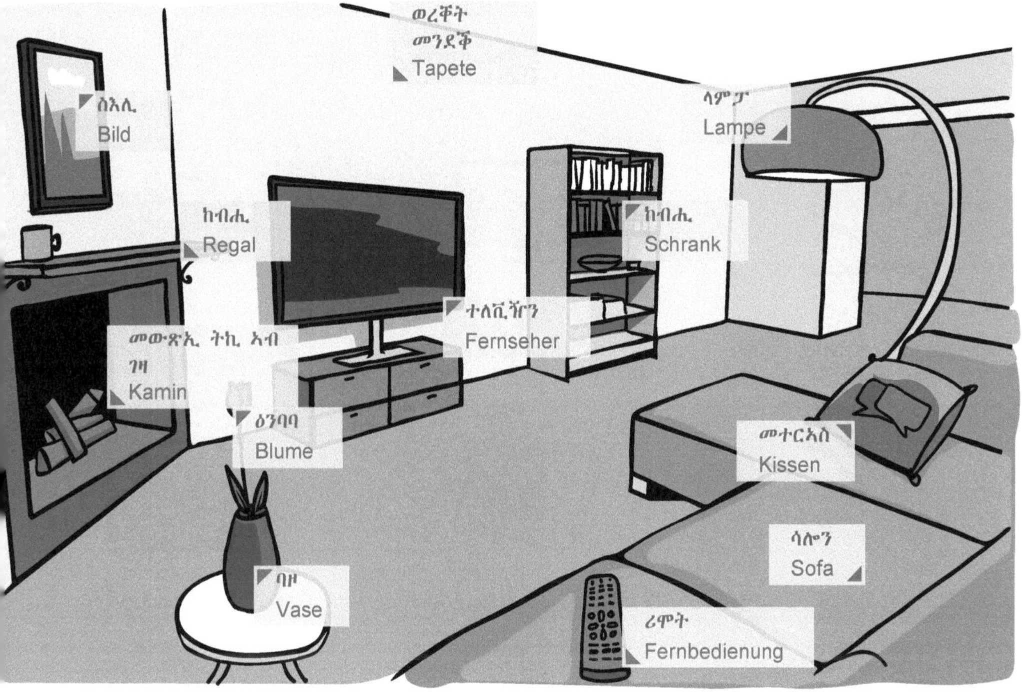

መንጸፍ
....
Teppich

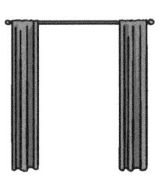

መጋረጃ
....
Vorhang

ጣውላ
....
Tisch

መንበር
....
Stuhl

ሰለል ዝብል መንበር
....
Schaukelstuhl

መንበር ምቹእ
....
Sessel

መጽሓፍ

Buch

ከቦርታ

Decke

ስልማት

Dekoration

እንጨይቲ ሓዊ

Feuerholz

ፊልም

Film

ስተረዮ

Stereoanlage

መፍትሕ

Schlüssel

ጋዜጣ

Zeitung

ቕብኣ

Gemälde

ፖስተር

Poster

ረድዮ

Radio

ጥራዝ

Notizblock

መልገሲ ደርና

Staubsauger

በለስ

Kaktus

ሽምዓ

Kerze

ሚክሮቨላ
Mikrowelle

መዝሓሊ
Kühlschrank

ሚዛን ክሽነ
Küchenwaage

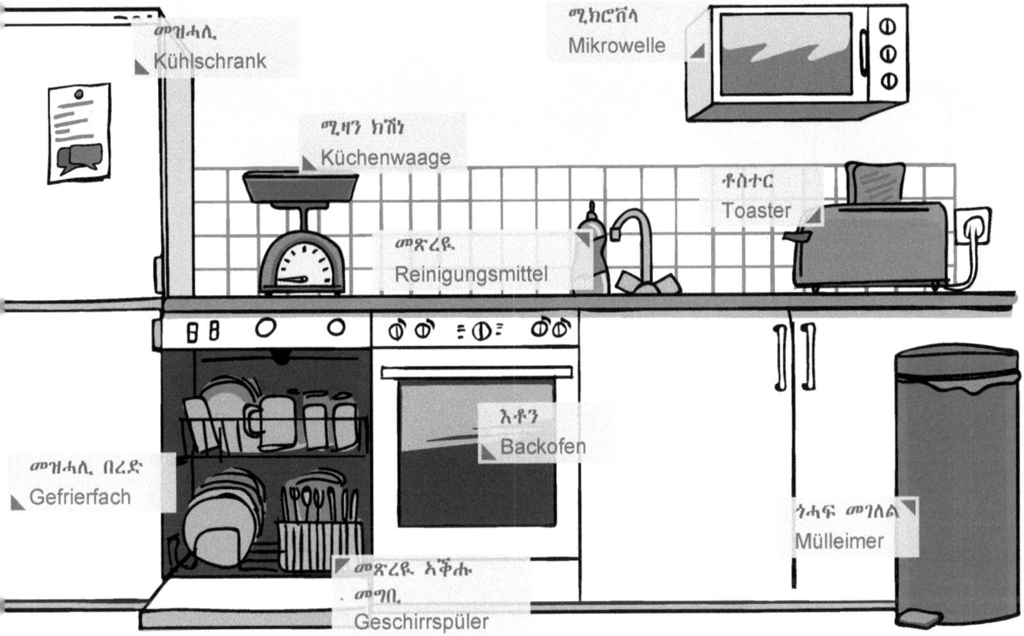

ቶስተር
Toaster

መጽረዪ
Reinigungsmittel

እቶን
Backofen

መዝሓሊ በረድ
Gefrierfach

ጉሓፍ መገለል
Mülleimer

መጽረዪ ኣቕሑ መግቢ
Geschirrspüler

መኽሸኒ	ድስቲ	ድስቲ ሓጺን
Herd	Topf	Eisentopf

ቮክ/ካዳይ	ባደላ	መውዓዪ ማይ
Wok / Kadai	Pfanne	Wasserkocher

መፍልሒ
....
Dampfgarer

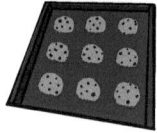

ጓንቴራ ምስንካት
....
Backblech

ኣቕሑ መግቢ
....
Geschirr

ብርጭቆ
....
Becher

ጭሖሎ
....
Schale

ማንካቺና
....
Essstäbchen

ማንካ መረቕ
....
Suppenkelle

መገልበጢ ባደላ
....
Pfannenwender

መ'ኹስተር ውርጪ
....
Schneebesen

መንፊት መግቢ
....
Kochsieb

መንፊት
....
Sieb

መፋሕፍሒ
....
Reibe

ሞርታር
....
Mörser

ባርቢክዩ
....
Grill

ስፍራ ሓዊ
....
Feuerstelle

እንጨይቲ ምምታር

....

Schneidebrett

እንጨይቲ ኰረር

....

Nudelholz

መኽፈት ቡሽ

....

Korkenzieher

ታኒካ

....

Dose

መኽፈቲ ታኒካ

....

Dosenöffner

ጨርቂ ድስቲ

....

Topflappen

ቡምባ

....

Waschbecken

ኣስባስላ

....

Bürste

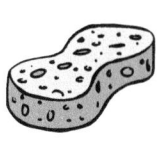

ሰፍነግ

....

Schwamm

ሓዋሲ ኣደባላቒ

....

Mixer

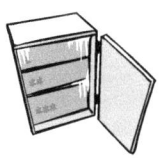

መዝሓሊ በረድ

....

Gefriertruhe

ጥርሙዝ ማማይ

....

Babyflasche

ቡምባ ማይ

....

Wasserhahn

ክፍሊ ባንዮ
Badezimmer

መውዓዪ
Heizung
Handtuch
መሕጸቢ ሻወር
Dusche
ሻወር መጋረጃ
Duschvorhang
መሕጸቢ ዓፍራ
Schaumbad
ባንዮ መሕጸቢ
Badewanne
ብኬሪ
Glas
Waschmaschine
ቡምባ ማይ
Wasserhahn
ማቶነላ
Fliesen
ድስቲ
Töpfchen
ቡምባ
Waschbecken

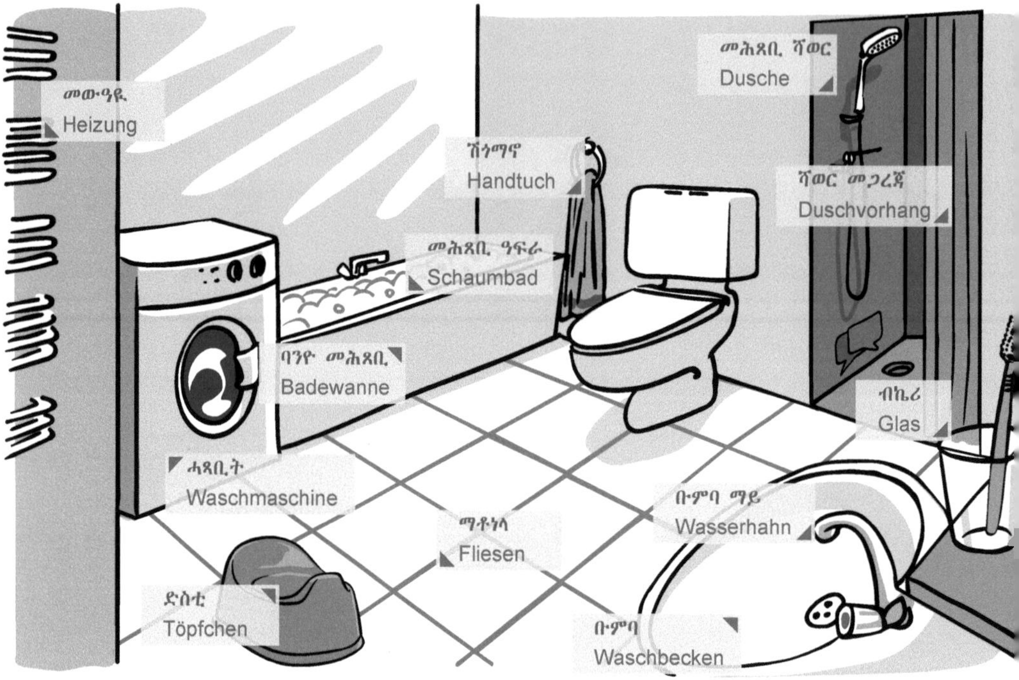

ሽቓቕ
Toilette

ሽቓቕ ኮፍ
Hocktoilette

በዴ
Bidet

ሽቓቕ ተባዕታይ
Pissoir

ወረቐት ሽቓቕ
Toilettenpapier

ኣስባስላ ሽቓቕ
Toilettenbürste

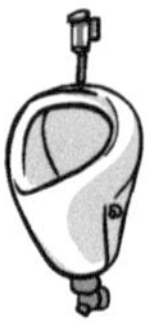

ኣስባስላ ስኒ

Zahnbürste

ክረማ ስኒ

Zahnpasta

ሃሪ ስኒ

Zahnseide

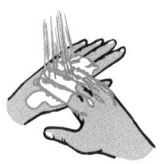

ሓጸበ

waschen

ዱሽ ኢድ

Handbrause

ዱሽ

Intimdusche

ብርጭቆ ምሕጻብ

Waschschüssel

ኣስባስላ ሕቖ

Rückenbürste

ሳምና

Seife

ሻወር ጀል

Duschgel

ሻምፑ

Shampoo

ጨርቂ መሕጸቢ

Waschlappen

መውሓዚ

Abfluss

ክረማ

Creme

ደዮ ጨና

Deodorant

መስትያት
....
Spiegel

ናይ ኢድ መስትያት
....
Kosmetikspiegel

መላጸ
....
Rasierer

ዓፍራ ምልጻይ
....
Rasierschaum

ጨና ድሕሪ ምልጻይ
....
Rasierwasser

መመሸጥ
....
Kamm

ኣስባስላ
....
Bürste

መንቐጺ ጸግሪ
....
Föhn

ስፕረይ ጸግሪ
....
Haarspray

መመላኽዒ
....
Makeup

ብርዒ ቀለም ከንፈር
....
Lippenstift

ኣዝማልቶ
....
Nagellack

ጸምሪ ጡጥ
....
Watte

መስደዲ ጽፍሪ
....
Nagelschere

ጨና
....
Parfum

ሳንጣ መሕጸቢ

....

Kulturbeutel

ድኳ

....

Hocker

ሚዛን

....

Waage

ክዳን መሕጸቢ

....

Bademantel

ጓንቲ መጸረዩ

....

Gummihandschuhe

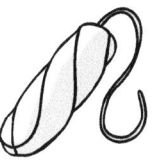

ታምፖን

....

Tampon

ጨርቂ ሰበይቲ

....

Damenbinde

ሽቓቕ ከሚስትሪ

....

Chemietoilette

ክፍሊ ቆልዑ

Kinderzimmer

መተስኢ
Wecker
መጻወቲ እንስሳ
Kuscheltier
መጻወቲ መኪና
Spielzeugauto
መበሊ
Rassel
ቤት ባምቡላ
Puppenhaus
ህያብ
Geschenk

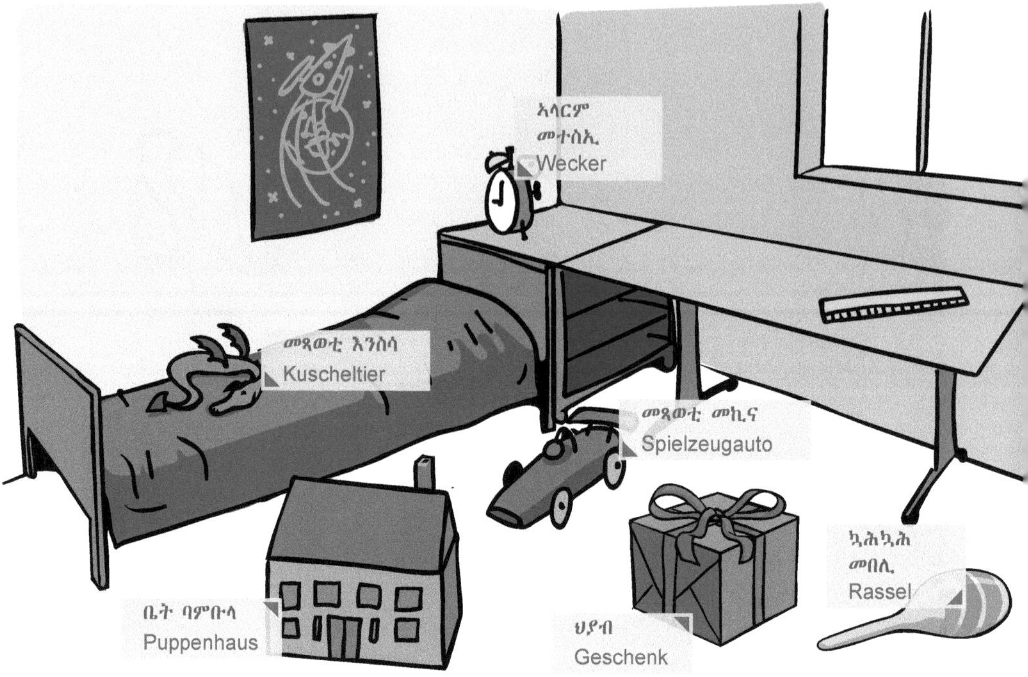

ባላንችና

Ballon

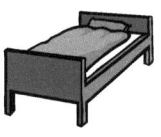

ዓራት

Bett

ሰረገላ ህጻን

Kinderwagen

ጸወታ ካርታ

Kartenspiel

ሕንቅሊተይ

Puzzle

ኮሜዲ

Comic

እምንታት መጻወቲ ለጎ

....

Legosteine

መጻወቲ እምንታት

....

Bausteine

በዓል አክቾን

....

Action Figur

ክዳን ማማይ

....

Strampelanzug

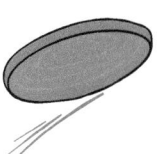

ፍሪስቢ

....

Frisbee

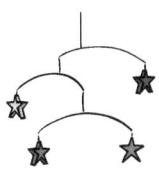

ሞባይል ማማይ

....

Mobile

ጸወታ ሰሌዳ

....

Brettspiel

ኩቦ

....

Würfel

ሞደል ባቡር ምድሪ

....

Modelleisenbahn

ዓባስ

....

Schnuller

ፓርቲ

....

Party

መጽሓፍ ስእሊ

....

Bilderbuch

ኩዕሶ

....

Ball

ባምቡላ

....

Puppe

ተጻወተ

....

spielen

መጻወቲ ሑጻ

Sandkasten

ሰላል

Schaukel

መጻወቲታት

Spielzeug

ኮንሶል ቪድዮ

Spielkonsole

መጻወቲ ሰለስተ መንኮርኮር

Dreirad

ተዲ

Teddy

ክብሒ ክዳን

Kleiderschrank

ክዳን

Kleidung

ካልስታት

Socken

ነዊሕ ካልስታት

Strümpfe

ስረ ካልሲ

Strumpfhose

ሻርባ
Schal
ጽላል
Regenschirm
ማልያ
T-Shirt
ቁልፊ
Gürtel
Stiefel
ጫማ ገዛ
Hausschuhe
ስኒከርስ
Turnschuhe

ሸበጥ
....
Sandalen

ጫማ
....
Schuhe

ረፋዕ ጎማ
....
Gummistiefel

ሙታንታ
....
Unterhose

ክዳን ጡብ
....
Büstenhalter

ትሕተ ካሚቻ
....
Unterhemd

ቦዲ

Body

ስረ

Hose

ጂንስ

Jeans

ቀምሽ

Rock

ካምቻ

Bluse

ካሚቻ

Hemd

ጉልፎ

Pullover

ጎልፎ

Kapuzenpullover

ጃኬት

Blazer

ጃከት

Jacke

ጁባ

Mantel

ክዳን ዝናብ

Regenmantel

ኮስቱም

Kostüm

ቀምሽ

Kleid

ቀምሽ መርዓ

Hochzeitskleid

ልብሲ

....

Anzug

ካሚቻ ለይቲ

....

Nachthemd

ክዳን ለይቲ

....

Schlafanzug

ሳሪ

....

Sari

መሃረብ ርእሲ

....

Kopftuch

ቱርባን

....

Turban

ቡርካ

....

Burka

ካፍታን

....

Kaftan

ኣባያ

....

Abaya

ክዳን መሕምበሲ

....

Badeanzug

ስረ መሕምበሲ

....

Badehose

ሓጺር ስረ

....

Kurze Hose

ክዳን ታዕሊም

....

Trainingsanzug

በጃ ክዳን

....

Schürze

ጓንቲ

....

Handschuhe

መልጎም

Knopf

መነጽር

Brille

በንናጅር

Armband

ማዕተብ

Halskette

ቀለበት

Ring

ኩትሻ

Ohrring

ቆብዕ

Mütze

መንበሪ ጁባ

Kleiderbügel

ባርነጣ

Hut

ካርራቫት

Krawatte

ሻርነጣ

Reißverschluss

ሀልመት

Helm

መድልደል ስሪ

Hosenträger

ድቢዛ ቤትትምህርቲ

Schuluniform

ድቢዛ

Uniform

ሰደርያ ቆልዓ

Lätzchen

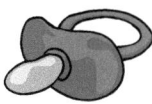

ዓባስ

Schnuller

ጨርቂ ማማይ

Windel

ቤት ጽሕፈት

Büro

ብርጭቆ ቡን

Kaffeebecher

ካልኩለተር

Taschenrechner

ኢንተርነት

Internet

ሰርቨር — Server

ከብሒ ሰነድ — Aktenschrank

ፕሪንተር — Drucker

ወረቐት — Papier

ሞኒቶር — Monitor

ጣውላ ምጽሓፍ — Schreibtisch

አንጭዋ — Maus

ሓፃሬ — Ordner

ኪቦርድ — Tastatur

ጎሓፍ ወረቐት — Papierkorb

ኮምፒተር — Computer

መንበር — Stuhl

ለፕቶፕ

Laptop

ደብዳበ

Brief

መልእኽቲ

Nachricht

ሞባይል

Handy

ነትወርክ/መርበብ

Netzwerk

መቅድሒ ፎቶኮፒ

Kopierer

ሶፍትዌር

Software

ተለፎን

Telefon

ሶከት ኳረንቲ

Steckdose

ፋክስ

Fax

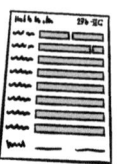

ፎርም

Formular

ሰነድ

Dokument

ገዝአ

kaufen

ከፈለ

bezahlen

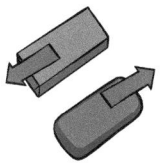

ነግዲ

handeln

ገንዘብ

Geld

ዶላር

Dollar

ኦይሮ

Euro

የን

Yen

ሩበል

Rubel

CHF

ስዊዝ ፍራንከን

Franken

ረንሚንቢ ዩዋን

Renminbi Yuan

ሩፒየ

Rupie

መውጽኢ ማሺን ገንዘብ

Geldautomat

ቦታ ቅያር ገንዘብ

....

Wechselstube

ወርቂ

....

Gold

ብሩር

....

Silber

ዘይቲ

....

Öl

ሓይሊ

....

Energie

ዋጋ

....

Preis

ውዕል

....

Vertrag

ቀረጽ

....

Steuer

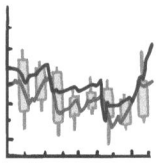

እኩብ ጥረ-ነገራት

....

Aktie

ሰርሐ

....

arbeiten

ሰራሕተኛ

....

Angestellter

ኣስራሒ

....

Arbeitgeber

ትካል

....

Fabrik

ዱኳን

....

Geschäft

በዓል ፖሊስ
Polizist

መጠፊኢ ሓዊ
Feuerwehrmann

ከሻኒ
Koch

ሓኪም
Arzt

መራሒ ነፋሪት
Pilot

ሰራሕተኛ ጀርዲን

Gärtner

ጸራቢ ዕንጸይቲ

Tischler

ሰፋይት

Näherin

ፈራዳይ

Richter

ቀማሚ

Chemiker

ተዋሳኢ

Schauspieler

መራሒ ኣዉቶቡስ

....

Busfahrer

ኣውቲስታ ታክሲ

....

Taxifahrer

ገፋፊ ዓሳ

....

Fischer

ጸራጊት

....

Putzfrau

ሃናጺ ናሕሲ

....

Dachdecker

ኣሰላፊ

....

Kellner

ሃዳናይ

....

Jäger

ሰኣላይ

....

Maler

እንዳ ሕብስቲ

....

Bäcker

ኤለትሪከኛ

....

Elektriker

ሃናጺ ኣባይቲ

....

Bauarbeiter

ሃንዳሲ

....

Ingenieur

ሰራሕተኛ እንዳ ስጋ

....

Schlachter

ድራብሊኮ

....

Klempner

ኣማላላሲ ፖስጣ

....

Postbote

54 ሞያታት - Berufe

ወተሃደር

Soldat

መሃንድስ

Architekt

ተሓዝ ገንዘብ

Kassierer

ሰራሕተኛ ዕምባባ

Florist

ቀምቃማይ

Friseur

ፈተሪኖ

Schaffner

መካኒክ

Mechaniker

መራሒ መርከብ

Kapitän

ሓኪም ስኒ

Zahnarzt

ተመራማሪ

Wissenschaftler

ራቢ

Rabbi

ኢማም

Imam

ፈላሲ

Mönch

ቀሺ

Geistlicher

ናውቲ

Werkzeuge

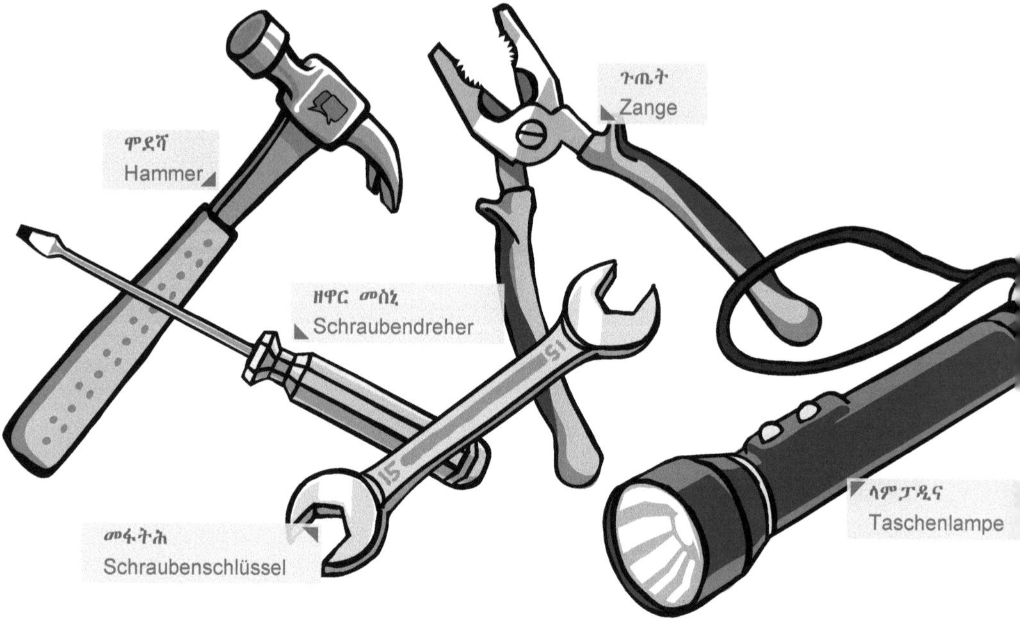

ሞደሻ
Hammer
ጉጤት
Zange
ዘዋር መስኒ
Schraubendreher
መፍትሕ
Schraubenschlüssel
ላምፓዲና
Taschenlampe

ፈሓሪ

Bagger

ናውቲ ቦክስ

Werkzeugkasten

መደያይቦ

Leiter

መጋዝ

Säge

መስማር

Nägel

ኩዓቲ

Bohrer

ምዕራይ

reparieren

ባደላ

Schaufel

አይ!

Mist!

መትሓዚ ዶሮና

Kehrblech

ድስቲ ቀለም

Farbtopf

ካቻቢት

Schrauben

መሳርሒ ሙዚቃ

Musikinstrumente

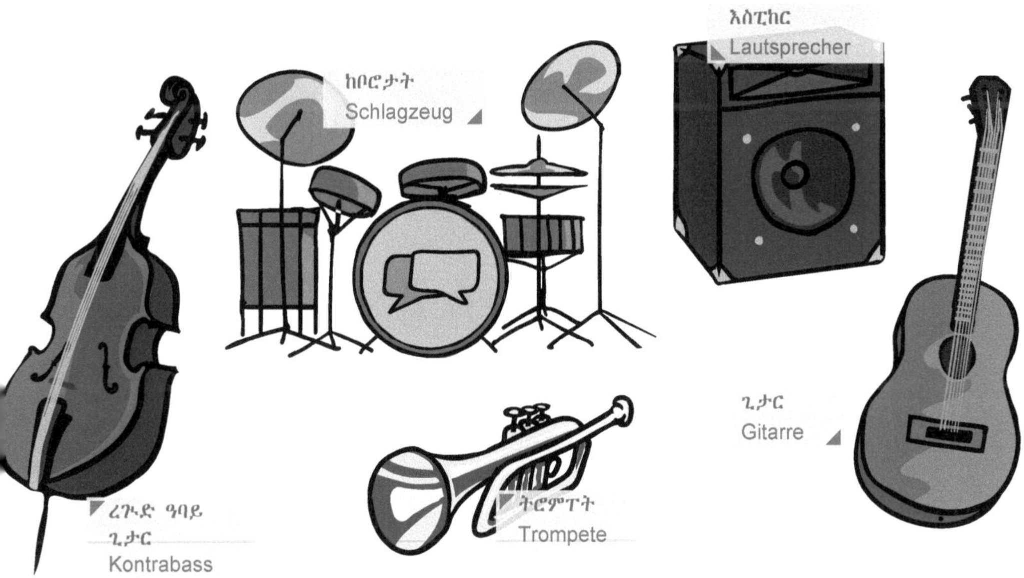

ከበሮታት
Schlagzeug

እስፒከር
Lautsprecher

ጊታር
Gitarre

ረጉድ ዓባይ
ጊታር
Kontrabass

ትሮምፔት
Trompete

ፒያኖ
....
Klavier

ቪዮሊን
....
Violine

ባስ ጊታር
....
Bass

ቲምንኢ
....
Pauke

ከቦሮ
....
Trommeln

ኦርጋን
....
Keyboard

ሳክሶፎን
....
Saxophon

ሻምብቆ
....
Flöte

ሚክሮፎን
....
Mikrofon

መካነ እንስሳታት
Zoo

ነብሪ
Tiger
መእተዊ
Eingang
ጎብያ
Käfig
ኣድጊ በረኻ
Zebra
መግቢ እንስሳ
Tierfutter
ፓንዳ
Panda

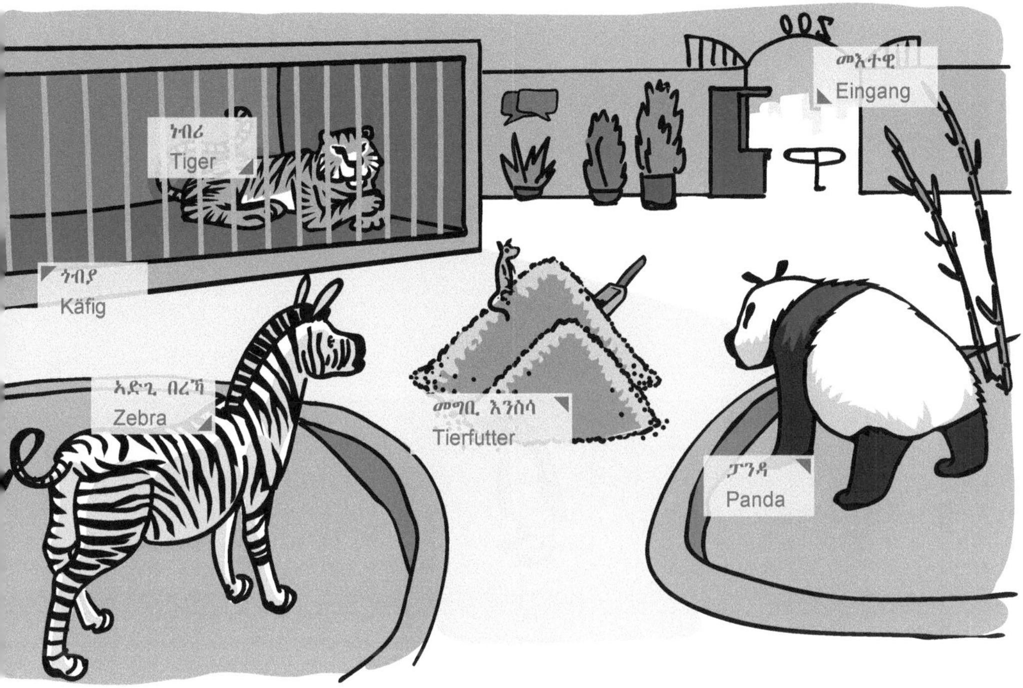

እንስሳታት

Tiere

ሓርማዝ

Elefant

ካንጋሩ

Känguru

ሓሪሽ

Nashorn

ጕሪላ

Gorilla

ድቢ

Bär

ገመል

Kamel

ሰገን

Strauß

ኣንበሳ

Löwe

ህበይ

Affe

ፍላሚንጎ

Flamingo

ሕንጻይ

Papagei

ድቢ በረድ

Eisbär

ፒንጉን

Pinguin

ክልቢ ዓሳ

Hai

ጣውስ

Pfau

ተመን

Schlange

ሓርገጽ

Krokodil

ሓላዊ ቤት ገርድሽ

Zoowärter

ዓሳ ዚምገብ እንስሳ ባሕሪ

Robbe

ጃጓር

Jaguar

ሓጺር ፈረስ
....
Pony

ነብሪ
....
Leopard

ጉማረ
....
Nilpferd

ጂራፍ
....
Giraffe

ሊላ
....
Adler

መፍለስ
....
Wildschwein

ዓሳ
....
Fisch

ጎብየ
....
Schildkröte

ዋልሩስ
....
Walross

ወኻርያ
....
Fuchs

ሰሰሓ
....
Gazelle

ስፖርት

Sport

ናይ ኣሜሪካ ኩዕሶ እግሪ
American Football
ምዝዋር ብሽግለታ
Radfahren
ተኒስ
Tennis
ባስከትባል
Basketball
ምሕምባስ
Schwimmen
ቦክሲንግ
Boxen
ሆኪ በረድ
Eishockey

ኩዕሶ እግሪ

Fußball

ባድሚንቶን

Badminton

እስፖርታዊ ንጥፈታት

Leichtathletik

ኩዕሶ ኢድ

Handball

ስኪ

Skilaufen

ፖሎ

Polo

ንጥፈታት
Aktivitäten

ነጠረ
springen
umarmen
lachen
gehen
ደረፈ
singen
ሓለመ
träumen
ጸለየ
beten
ሰዓመ
küssen

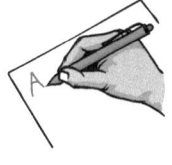

ጸሓፈ
....
schreiben

ሰኣለ
....
zeichnen

ኣርኣየ
....
zeigen

ደፍአ
....
drücken

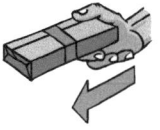

ሃበ
....
geben

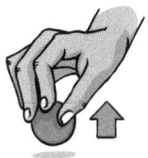

ወሰደ
....
nehmen

አለወ

....

haben

ገበረ

....

tun

ኮነ

....

sein

ጠጠው በለ

....

stehen

ጎየየ

....

laufen

ሰሓበ

....

ziehen

ሰንደወ

....

werfen

ወደቐ

....

fallen

ሓሰወ

....

liegen

ተጸበየ

....

warten

ሰከም

....

tragen

ኮፍ በለ

....

sitzen

ተኸድነ

....

anziehen

ደቀሰ

....

schlafen

ተስአ

....

aufwachen

ረኣየ
....
ansehen

በኸየ
....
weinen

ብኣጻብዑ ደረዘ
....
streicheln

መሸጠ
....
kämmen

ተዛረበ
....
reden

ተረድአ
....
verstehen

ሓተተ
....
fragen

ሰምዐ
....
hören

ሰተየ
....
trinken

በልዐ
....
essen

ኣቐመጠ
....
aufräumen

ኣፍቀረ
....
lieben

ከሸነ
....
kochen

ዘወረ
....
fahren

ነፈረ
....
fliegen

ብመርከብ ገየሸ

....

segeln

ደመረ

....

rechnen

ኣንበበ

....

lesen

ተመሃረ

....

lernen

ሰርሐ

....

arbeiten

መርዓወ

....

heiraten

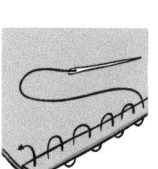

ሰፈየ

....

nähen

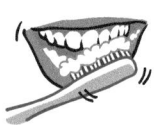

ጽሬት ኣስናን

....

Zähne putzen

ቀተለ

....

töten

ሽጋራ ተከኸ

....

rauchen

ሰደደ

....

senden

ዓባየ
Großmutter
አቦሓጎ
Großvater
አቦ
Vater
አደ
Mutter
ማማይ
Baby
ጓል
Tochter
ወዲ
Sohn

ጋሻ

Gast

ሓትኖ

Tante

ኣኮ

Onkel

ሓው

Bruder

ሓፍቲ

Schwester

ኣካላት

Körper

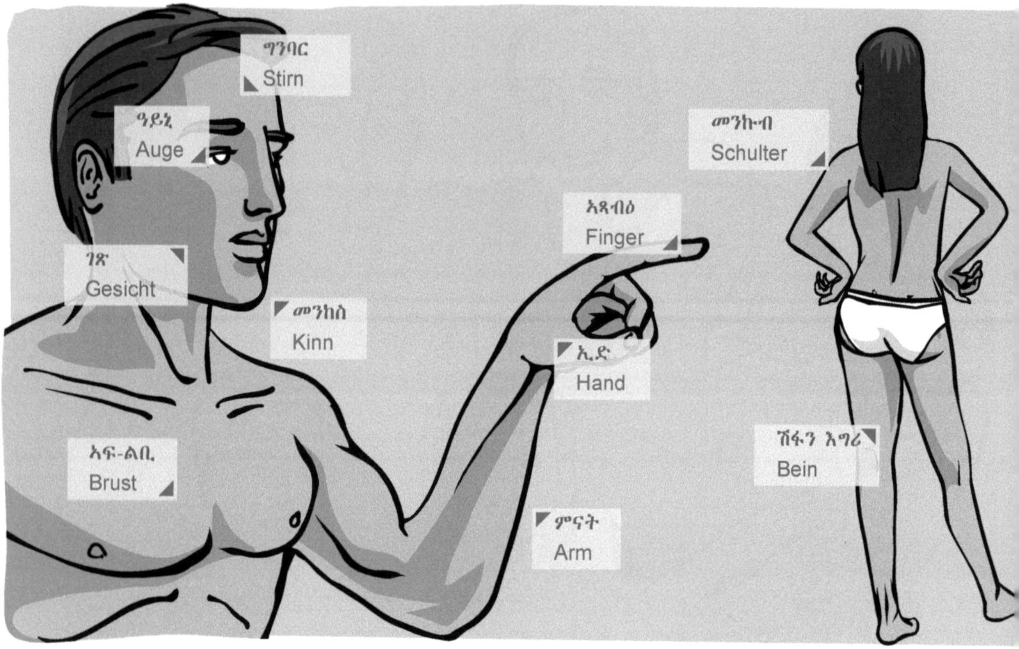

ግንባር
Stirn
ዓይኒ
Auge
መንኩብ
Schulter
Finger
ገጽ
Gesicht
መንከስ
Kinn
ኢድ
Hand
Brust
ሽፋን እግሪ
Bein
ምናት
Arm

ማማይ

Baby

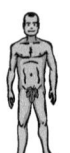

ሰብኣይ

Mann

ሰበይቲ

Frau

ጓል

Mädchen

ወዲ

Junge

ርእሲ

Kopf

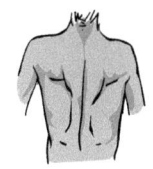

ሕቖ

Rücken

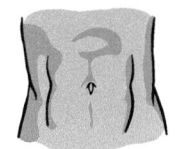

ከስዐ

Bauch

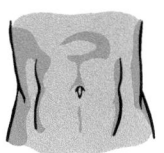

ሕምብርቲ

Nabel

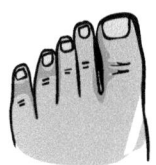

ኣጻብዕ እግሪ

Zeh

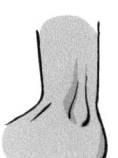

ኩርኹረ

Ferse

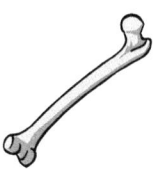

ዓጽሚ

Knochen

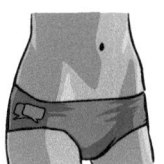

ምሕኰልቲ

Hüfte

ብርኪ

Knie

ፌግፌጎ

Ellenbogen

ኣፍንጫ

Nase

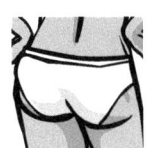

መዓኮር

Gesäß

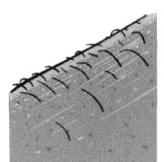

ቆርበት

Haut

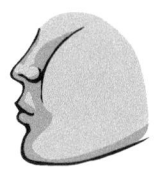

ምዕጉርቲ

Wange

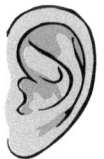

እዝኒ

Ohr

ከንፈር

Lippe

አፍ

Mund

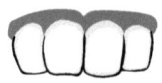

ስኒ

Zahn

መልሓስ

Zunge

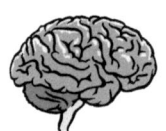

ሓንጎል

Gehirn

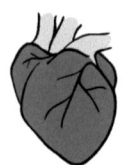

ልቢ

Herz

ጭዋዳ

Muskel

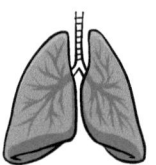

ሳንቡእ

Lunge

ጸላም ከብዲ

Leber

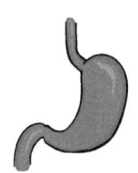

ከብዲ

Magen

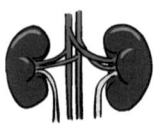

ኮሊት

Nieren

ግብረ ስጋ

Geschlechtsverkehr

ኮንዶም

Kondom

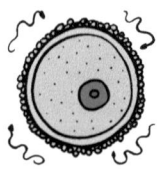

እንቋቑሖ

Eizelle

ዘርኢ ተባዕታይ

Sperma

ጥንሲ

Schwangerschaft

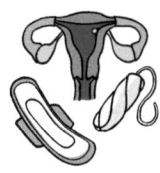

ጽግያት

Menstruation

ርሕሚ

Vagina

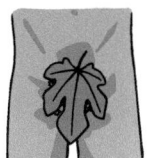

መትሎ

Penis

ሽፋሽፍቲ

Augenbraue

ጸጉሪ

Haar

ክሳድ

Hals

ሆስፒታል

Krankenhaus

ሓኪም

Arzt

ክፍሊ ህጹጽ ረድኤት

Notaufnahme

ኣላይት

Krankenschwester

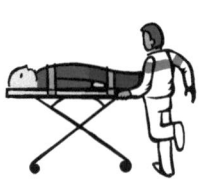

ህጹጽ ኩነት

Notfall

ውነኡ ዘጥፍአ

ohnmächtig

ቃንዛ

Schmerz

ጉድኣት

Verletzung

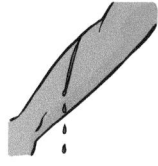

ደም

Blutung

ማህረምቲ

Herzinfarkt

ማህረምቲ

Schlaganfall

ኣለርጂ

Allergie

ሰዓል

Husten

ረስኒ

Fieber

ኡንፍልወንዛ

Grippe

ውጽኣት

Durchfall

ቃንዛ ርእሲ

Kopfschmerzen

መንሽሮ

Krebs

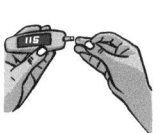

ሹኮርያ

Diabetis

ሓኪም መጥባሕቲ

Chirurg

መጥብሒ

Skalpell

መጥባሕቲ

Operation

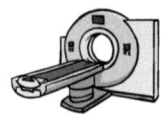

CT

CT

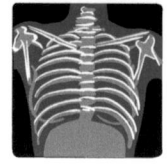

ራጂ

Röntgen

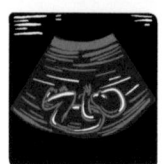

ልዕለ ድምጻዊ

Ultraschall

መሸፈኒ ገጽ

Maske

ሕማም

Krankheit

ክፍሊ ምጽባይ

Wartezimmer

ምርኩስ

Krücke

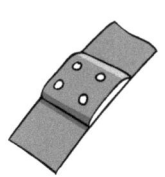

መጀነኒ ቑስሊ

Pflaster

መጀነኒ

Verband

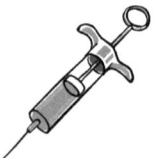

መርፍዕ ምውጋእ

Injektion

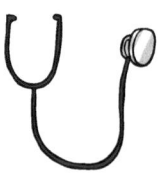

ስተቶስኮፕ

Stethoskop

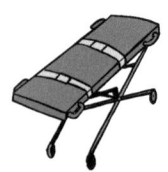

መሰከሚ ሕማም

Trage

ቴርሞመተር

Thermometer

ትውልዲ

Geburt

ልዕለ-ሚዛን

Übergewicht

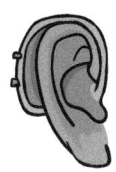

ሓገዝ ምስማዕ

....

Hörgerät

ኣንጻሂ

....

Desinfektionsmittel

ልበዳ

....

Infektion

ቫይረስ

....

Virus

ኤድስ

....

HIV / AIDS

ሕክምና

....

Medizin

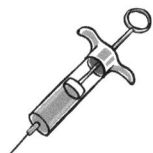

ክታበ

....

Impfung

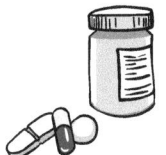

ከኒና

....

Tabletten

ከኒና

....

Pille

ህጹጽ ምድዋል

....

Notruf

መዕቀኒ ጸቕጢ ደም

....

Blutdruck-Messgerät

ሕሙም / ጥዑይ

....

krank / gesund

ህጹጽ ኩነት

Notfall

ሓገዝ

Hilfe!

ኣላርም

Alarm

ምህጃም

Überfall

መጥቃዕቲ

Angriff

ድንገት

Gefahr

ህጹጽ መውጽኢ

Notausgang

ሓዊ!

Feuer!

መጥፋኢ ሓዊ

Feuerlöscher

ሓደጋ

Unfall

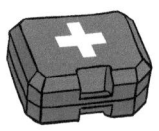

ሳንጣ ቀዳማይ ረድኤት

Erste-Hilfe-Koffer

SOS

SOS

ፖሊስ

Polizei

ኤውሮጳ

Europa

ሰሜን ኣመሪካ

Nordamerika

ደቡብ ኣመሪካ

Südamerika

ኣፍሪቃ

Afrika

ኤስያ

Asien

ኣውስትራልያ

Australien

ኣትላንቲክ

Atlantik

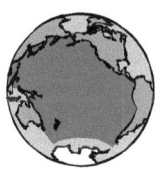

ፓሲፊክ

Pazifik

ህንዳዊ ዉቕያኖስ

Indischer Ozean

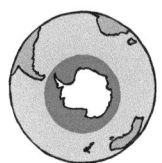

ኣንታርቲካዊ ዉቕያኖስ

Antarktischer Ozean

ኣርክቲካዊ ዉቕያኖስ

Arktischer Ozean

ሰሜናዊ ዋልታ

Nordpol

ደቡባዊ ዋልታ

Südpol

ኣንታርቲካ

Antarktis

ምድሪ

Erde

መሬት

Land

ባሕሪ

Meer

ደሴት

Insel

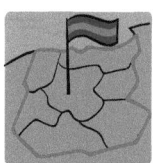

ሃገር

Nation

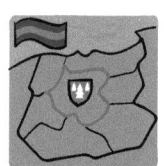

ዓዲ

Staat

ሰዓት
Uhr

ገጽ ሰዓት

Zifferblatt

ኣመልካቲ ሰዓታት

Stundenzeiger

ኣመልካቲ ደቓይቕ

Minutenzeiger

ኣመልካቲ ካልኢት

Sekundenzeiger

ሰዓት ክንደይ ኣሎ?

Wie spät ist es?

መዓልቲ

Tag

ግዜ

Zeit

ሕጂ

jetzt

ዲጂታል ሰዓት

Digitaluhr

ደቒቕ

Minute

ሰዓት

Stunde

Woche

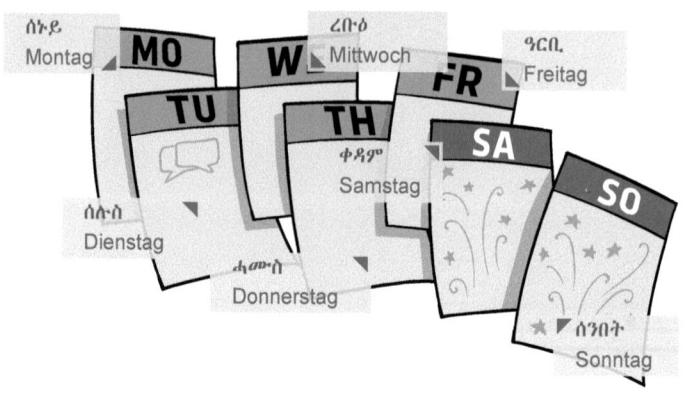

ሰኑይ
Montag · MO

ሰሉስ
Dienstag · TU

ረቡዕ
Mittwoch · W

ሓሙስ
Donnerstag · TH

ዓርቢ
Freitag · FR

ቀዳም
Samstag · SA

ሰንበት
Sonntag · SO

ትማሊ
gestern

ሎሚ
heute

ጽባሕ
morgen

ንጉሆ
Morgen

ቀትሪ
Mittag

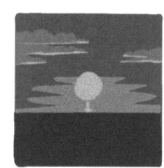

ምሸት
Abend

MO	TU	WE	TH	FR	SA	SU
1	2	3	4	5	6	7
8	9	10	11	12	13	14
15	16	17	18	19	20	21
22	23	24	25	26	27	28
29	30	31	1	2	3	4

መዓልታት ስራሕ
Arbeitstage

MO	TU	WE	TH	FR	SA	SU
1	2	3	4	5	6	7
8	9	10	11	12	13	14
15	16	17	18	19	20	21
22	23	24	25	26	27	28
29	30	31	1	2	3	4

መወዳእታ ሰሙን
Wochenende

ዝናብ
Regen
ቀስተ-ደመና
Regenbogen
በረድ
Schnee
ንፋስ
Wind
ጽድያ
Frühling
ቀውዒ
Herbst
ሓጋይ
Sommer
ክረምቲ
Winter

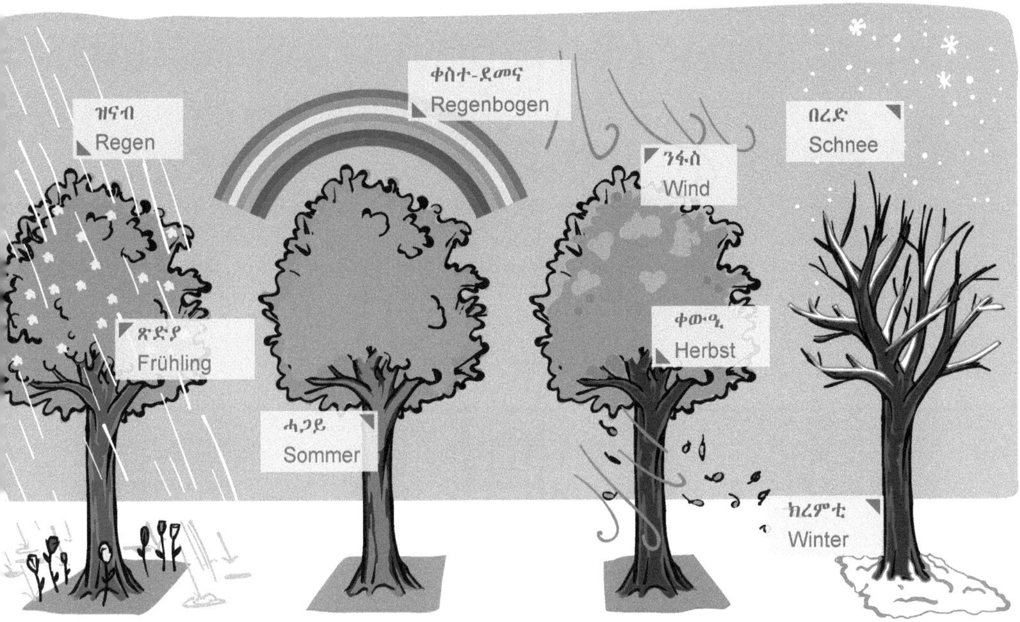

ትንቢት ኩነታት ኣየር

....

Wettervorhersage

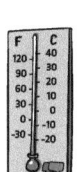

ቴርሞመተር

....

Thermometer

ብርሃን ጸሓይ

....

Sonnenschein

ደበና

....

Wolke

ግመ

....

Nebel

ጠሊ

....

Luftfeuchtigkeit

ብርቂ

....

Blitz

ነጐዳ

....

Donner

ህቦብላ

....

Sturm

በረድ

....

Hagel

ብርቱዕ ህቦብላ

....

Monsun

ውሕጅ

....

Flut

በረድ

....

Eis

ጥሪ

....

Januar

ለካቲት

....

Februar

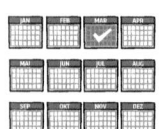

መጋቢት

....

März

ሚያዝያ

....

April

ጉንበት

....

Mai

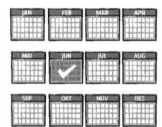

ሰነ

....

Juni

ሓምለ

....

Juli

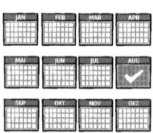

ነሓሰ

....

August

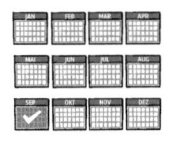

መስከረም

September

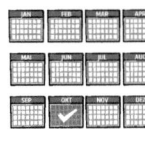

ጥቅምቲ

Oktober

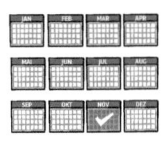

ሕዳር

November

ታሕሳስ

Dezember

ቅርጽታት

Formen

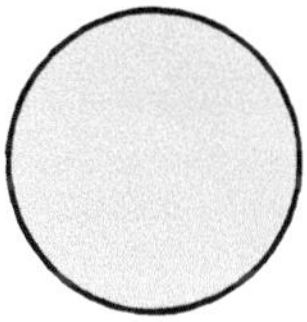

ዙርያ

Kreis

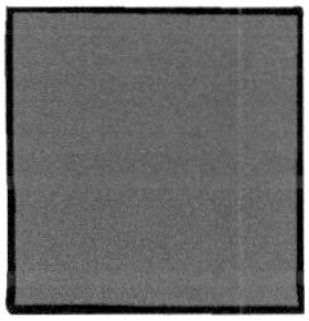

ትርብዒት

Quadrat

ቅኑዕ ርቡዕ ኩርናዕ

Rechteck

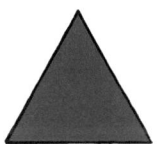

ስሉስ ኩርናዕ

Dreieck

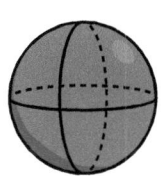

ክቢ

Kugel

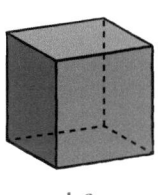

ኩቦ

Würfel

ሕብርታት

Farben

ጻዕዳ

weiß

ብጫ

gelb

ኣራንሺ

orange

ፒንክ

pink

ቀይሕ

rot

ጁኽ

lila

ሰማያዊ

blau

ቀጠልያ

grün

ቡናዊ

braun

ሓሙኽሽታይ

grau

ጸሊም

schwarz

ብዙሕ / ውሑድ
....
viel / wenig

ሕሩቕ / ሰላማዊ
....
wütend / friedlich

ጽቡቕ / ክፉእ
....
hübsch / hässlich

መጀመርያ / መወዳእታ
....
Anfang / Ende

ዓቢ / ንእሽቶ
....
groß / klein

ብሩህ / ጸልማት
....
hell / dunkel

ሓው / ሓፍቲ
....
Bruder / Schwester

ጽሩይ / ርሳሕ
....
sauber / schmutzig

ምሉእ / ዘይምሉእ
....
vollständig / unvollständig

መዓልቲ / ለይቲ
....
Tag / Nacht

ሙዉት / ህልው
....
tot / lebendig

ሰፊሕ / ጸቢብ
....
breit / schmal

ደስ ዘበል / ደስ ዘይብል

....

genießbar / ungenießbar

እኩይ / ህያዋይ

....

böse / freundlich

ርቡጽ / ስልኩይ

....

aufgeregt / gelangweilt

ረጊድ / ቀጢን

....

dick / dünn

ቀዳማይ / ናይ መወዳእታ

....

zuerst / zuletzt

ዓርኪ / ጸላኢ

....

Freund / Feind

ምሉእ / ባዶ

....

voll / leer

ተሪር / ልስሉስ

....

hart / weich

ከቢድ / ፈኲስ

....

schwer / leicht

ጥምየት / ጽምየት

....

Hunger / Durst

ሕሙም / ጥዑይ

....

krank / gesund

ዘይሕጋዊ / ሕጋዊ

....

illegal / legal

መስተውዓሊ / ስዲ

....

intelligent / dumm

ጸጋም / የማን

....

links / rechts

ቐረባ / ርሑቕ

....

nah / fern

86 ኣንጻራት - Gegenteile

ሓዲሽ / ብሉይ
....
neu / gebraucht

ዋላ ሓደ / ገለ
....
nichts / etwas

ዓቢ/ኣረጊት / መንእሰይ
....
alt / jung

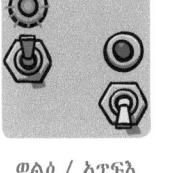

ወልዕ / ኣጥፍእ
....
an / aus

ክፉት / ዕጹው
....
offen / geschlossen

ህዱእ / ዓው
....
leise / laut

ሃብታም / ድኻ
....
reich / arm

ቅኑዕ / ግጉይ
....
richtig / falsch

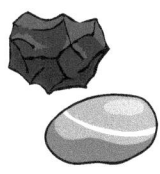

ሓርፋፍ / ልሙጽ
....
rau / glatt

ጉሁይ / ሕጉስ
....
traurig / glücklich

ሓጺር / ነዊሕ
....
kurz / lang

ቀስ / ቅልጡፍ
....
langsam / schnell

ጥሉል / ንቑጽ
....
nass / trocken

ምውቕ / ዝሑል
....
warm / kühl

ውግእ / ሰላም
....
Krieg / Frieden

ቁጽርታት

Zahlen

0	1	2
ዜሮ	ሓደ	ክልተ
null	eins	zwei
3	4	5
ሰለስተ	ኣርባዕተ	ሓሙሽተ
drei	vier	fünf
6	7	8
ሽዱሽተ	ሸውዓተ	ሸሞንተ
sechs	sieben	acht
9	10	11
ትሽዓተ	ዓሰርተ	ዓሰርተ ሓደ
neun	zehn	elf

12

ዓሰርተ ክልተ

zwölf

13

ዓሰርተ ሰለስተ

dreizehn

14

ዓሰርተ ኣርባዕተ

vierzehn

15

ዓሰርተ ሓሙሽተ

fünfzehn

16

ዓሰርተ ሽዱሽተ

sechzehn

17

ዓሰርተ ሸውዓተ

siebzehn

18

ዓሰርተ ሸሞንተ

achtzehn

19

ዓሰርተ ትሽዓተ

neunzehn

20

ዕስራ

zwanzig

100

ሚእቲ

hundert

1.000

ሽሕ

tausend

1.000.000

ሚልዮን

million

ቋንቋታት

Sprachen

እንግሊዝኛ

....

Englisch

አሜሪካዊ እንግሊዛዊ

....

Amerikanisches Englisch

ቻይናዊ ማንዳሪን

....

Chinesisch Mandarin

ሂንዳዊ

....

Hindi

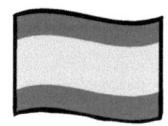

እስጳኛዊ

....

Spanisch

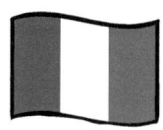

ፈረንሳዊ

....

Französisch

ዓረባዊ

....

Arabisch

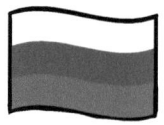

ሩሲያዊ

....

Russisch

ፖርቱጋላዊ

....

Portugiesisch

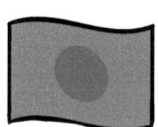

በንጋሊ

....

Bengalisch

ጀርመናዊ

....

Deutsch

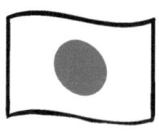

ጃፓናዊ

....

Japanisch

መን / እንታይ / ከመይ

wer / was / wie

ኣነ

ich

ንስኻ/ኺ

du

ንሱ / ንሳ / ንሱ

er / sie / es

ንሕና

wir

ንስኻ

ihr

ንሳቶም

sie

መን?

wer?

እንታይ?

was?

ከመይ?

wie?

ኣበይ?

wo?

መዓስ?

wann?

HELLO, I AM

ሽም

Name

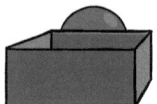

ኣበይ

wo

ድሕሪ

....

hinter

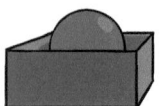

ኣብ

....

in

ኣብ ቅድሚ

....

vor

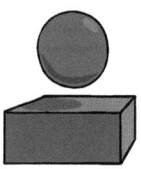

ኣብ ላዕሊ

....

über

ኣብ ልዕሊ

....

auf

ትሕቲ ምድሪ

....

unter

ኣብ ጥቓ

....

neben

ኣብ መንጎ

....

zwischen

ቦታ

....

Ort